La nourriture

QuébecAmérique

Projet dirigé par Marie-Anne Legault, éditrice

Recherche et rédaction : Sybille Pluvinage
Conception graphique et mise en pages : Marylène Plante-Germain
Illustrations : Valérie Desrochers, Anouk Noël
Assistance éditoriale : Virginie Lessard-Brière
Révision linguistique : Sabrina Raymond
Experte-consultante : Mireille Thibault, ethnologue
Conseillère pédagogique : Anne Gucciardi

Québec Amérique
7240, rue Saint-Hubert
Montréal (Québec) Canada H2R 2N1
Téléphone : 514 499-3000

Nous reconnaissons l'aide financière du gouvernement du Canada.

Nous remercions le Conseil des arts du Canada de son soutien.
We acknowledge the support of the Canada Council for the Arts.

Nous tenons également à remercier la SODEC pour son appui financier.
Gouvernement du Québec – Programme de crédit d'impôt pour l'édition
de livres – Gestion SODEC.

Canada | Conseil des arts du Canada Canada Council for the Arts | SODEC Québec

Catalogage avant publication de Bibliothèque et Archives nationales du Québec et Bibliothèque et Archives Canada

Titre : La nourriture
Autres titres : Nourriture (Éditions Québec Amérique)
Description : Mention de collection : Sa[voir]. Autour du monde
Identifiants : Canadiana (livre imprimé) 2023005627X |
Canadiana (livre numérique) 20230056288 | ISBN 9782764451359 |
ISBN 9782764451366 (PDF) | ISBN 9782764451373 (EPUB)
Vedettes-matière : RVM : Aliments—Ouvrages pour la jeunesse. | RVM :
Habitudes alimentaires—Ouvrages pour la jeunesse. | RVMGF : Albums
documentaires.
Classification : LCC TX355.N682 2023 | CDD j641.3—dc23

Dépôt légal, Bibliothèque et Archives nationales du Québec, 2023
Dépôt légal, Bibliothèque et Archives du Canada, 2023

FSC
www.fsc.org
MIXTE
Papier | Pour une gestion
forestière responsable
FSC® C011825

Crédits photo

Dans la même collection

Série *L'environnement*
L'air, 2022.
Les forêts, 2021.
Les sols, 2021.
L'eau, 2020.
Les déchets, 2020.

Série *Autour du monde*
La musique, 2022.
Les religions, 2021.
Les sports, 2021.

Série *Le corps humain*
Les gènes, 2023.
Le cerveau, 2022.
La digestion, 2022.

AUTOUR DU MONDE, c'est un voyage qui te fait découvrir les multiples facettes des peuples et des pays du monde.

LA NOURRITURE est source de vie. C'est en mangeant que tu grandis, bouges, réfléchis. Depuis la préhistoire, l'être humain doit se nourrir pour avoir de l'énergie et assurer son existence. Toutefois, la nourriture est bien plus qu'un simple « carburant ». C'est aussi une grande source de plaisir et de partage !

Mais d'où viennent les aliments ?
Mangeons-nous tous de la même manière ?

Chaque fois que tu vois un mot en orange, c'est que sa définition se trouve dans le glossaire à la dernière page !

Table des matières

C'est quoi la nourriture ?

1 Banque de semences, Norvège, p. 6

La nourriture préhistorique

2 Premier « barbecue », Afrique du Sud, p. 8

3 Premiers villages agricoles, Turquie, p. 9

Les premières civilisations

4 Recettes anciennes, Irak, p. 10

5 Pain au levain, Égypte, p. 11

6 Culture du riz, Chine, p. 11

7 Naissance du végétarisme, Inde, p. 12

8 Première civilisation d'Amérique, Pérou, p. 12

Les grandes explorations

9 Christophe Colomb en Amérique, Antilles, p. 13

10 Pomme de terre, Pérou, p. 15-16

11 Cacao et chocolat, Mexique, p. 17

Autour du monde

12 Sauce au beurre d'arachide, Mali, p. 18

13 Couscous, Maroc, p. 19

14 Biltong, Afrique du Sud, p. 19

15 Injera, Éthiopie, p. 19

16 Mezzé, Moyen-Orient, p. 20

Je suis à la fois un mets très recherché et un poison mortel. Qui suis-je ?*

Ligne du temps

Années   Préhistoire   −9000   −3000   0

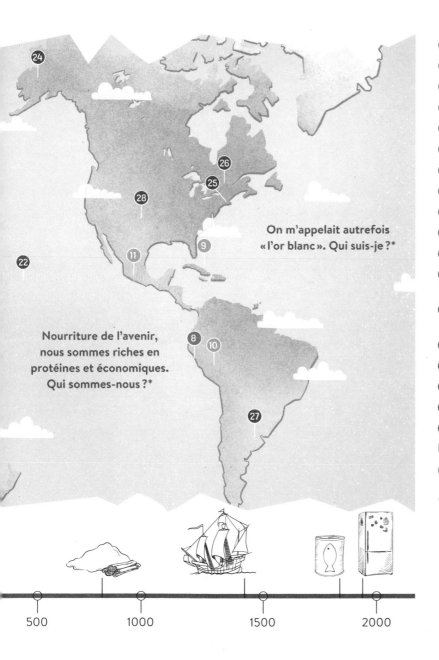

On m'appelait autrefois
« l'or blanc ». Qui suis-je ?*

Nourriture de l'avenir,
nous sommes riches en
protéines et économiques.
Qui sommes-nous ?*

🅱 Dessert glacé, Iran, p. 20

🅱 Mille épices, Inde, p. 21

🅱 Canard laqué, Chine, p. 21

🅱 Cuisine de rue, Vietnam, p. 22

🅱 Sushi, Japon, p. 22

🅱 Poké, Hawaii, p. 23

🅱 Nourriture de brousse, Australie, p. 23

🅱 Glace akutaq, Alaska, États-Unis, p. 24

🅱 Premier Thanksgiving, États-Unis, p. 24

🅱 Cabane à sucre, Canada, p. 25

🅱 *Dulce de leche*, Argentine, p. 25

🅱 Naissance du restaurant-minute,
États-Unis, p. 25

🅱 Naissance de la gastronomie,
France, p. 26

🅱 Pâtes, Italie, p. 26

🅱 Gravlax, Scandinavie, p. 27

🅱 Gaspacho, Espagne, p. 27

🅱 Saucisse, Allemagne, p. 27

🅱 Sandwich, Angleterre, p. 27

L'alimentation de l'avenir

🅱 Permaculture, Australie, p. 29

* Tu trouveras les réponses dans ce livre.

Mais encore, c'est quoi *la nourriture* ?

La nourriture nous relie à l'environnement et au monde qui nous entoure, car elle provient essentiellement des **plantes**. Celles-ci fournissent une grande variété d'aliments comme les fruits, les légumes, les noix, les céréales (blé, riz, maïs) et les légumineuses (haricots, pois, **soya**). En transformant les végétaux, on peut obtenir de nombreux autres produits alimentaires comme le sucre provenant de la canne à sucre et le pain fabriqué à partir des céréales.

Sais-tu que sur une île au nord de la Norvège se trouve une cave spécialement construite pour conserver au froid des milliers de graines provenant du monde entier ? Cette **banque de semences** a comme objectif de préserver la plus grande diversité possible de plantes nourricières.

Les aliments d'origine animale

Les humains consomment la chair de plusieurs animaux comme le bœuf, le porc, le poulet ou le poisson, mais aussi divers **produits animaliers**, en particulier les œufs de poule, le lait de vache et le miel des abeilles. En les transformant, nous obtenons bien d'autres aliments. Ainsi, le lait permet de fabriquer du fromage, du yogourt et du beurre.

On dit que l'être humain est **omnivore**, ce qui signifie qu'il mange de tout.

Saveurs et arômes

Ta langue est tapissée de milliers de **papilles gustatives** qui te permettent de goûter les 5 saveurs de base : le salé (croustilles), le sucré (friandises), l'acide (citron), l'amer (chocolat noir) ou l'**umami** (une saveur très présente dans la sauce soya et les champignons). Mais ce n'est pas tout ! En percevant des milliers d'**arômes**, ton nez joue aussi un rôle primordial pour goûter la nourriture. La preuve ? Les aliments ont un goût bien fade quand tu as le nez bouché…

Comme leur nom l'indique, les **aromates** sont des plantes ou des parties de plantes qui ont un arôme particulier et qui sont employées pour donner du parfum à un plat. La cannelle, la menthe, le basilic et le persil sont des exemples d'aromates.

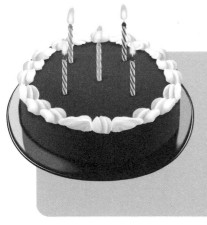

LE PLAISIR DES SAVEURS, AU CŒUR DE NOTRE VIE SOCIALE

Le repas est un événement important de la journée qui permet de se retrouver en famille ou entre amis et de profiter d'un moment agréable ensemble. La nourriture est aussi au cœur des événements spéciaux, comme les mariages ou les célébrations du Nouvel An. Difficile d'imaginer une fête ou un anniversaire sans quelques mets délicieux ou un gâteau garni de bougies !

La nourriture préhistorique

Un peu d'histoire

Du temps de nos plus lointains ancêtres jusqu'à aujourd'hui, les aliments ont beaucoup évolué, tout comme notre façon de les consommer. Mais une question traverse les époques et demeure la même partout à travers le monde : qu'est-ce qu'on mange ?

Les premiers humains mangeaient ce qu'ils trouvaient sur leur chemin, sans le cuisiner. On dit qu'ils étaient **chasseurs-cueilleurs**. Au menu : des fruits, des feuilles, des racines, des œufs et quelques animaux. Pour trouver leur nourriture, ils devaient toujours se déplacer et avaient donc un mode de vie **nomade**.

LA MAÎTRISE DU FEU, UNE PREMIÈRE RÉVOLUTION

Il y a des centaines de milliers d'années, les humains préhistoriques ont appris à maîtriser le feu, ce qui leur a permis de cuire leur nourriture. Une fois cuits, les aliments sont non seulement plus savoureux, mais plus faciles à mâcher et à digérer. Des cendres et des os brûlés, vieux d'environ 1 million d'années, ont été trouvés dans la grotte de Wonderwerk, en Afrique du Sud. Ce sont peut-être les traces du premier « barbecue » de l'histoire !

L'arrivée de l'agriculture, une deuxième révolution

Une autre révolution va changer le cours de l'histoire de l'être humain : l'agriculture. Il y a environ 10 000 ans, les peuples du « **croissant fertile** », une ancienne région du Moyen-Orient au climat doux, ont remarqué que des graines de plantes dispersées par le vent donnaient naissance à de nouvelles plantes. Imitant la nature, ils ont semé des graines de céréales sauvages pour créer de vastes champs. Ils ont aussi commencé à **domestiquer** (élever) des chèvres et des moutons.

Ainsi, ces peuples avaient désormais à leur portée des céréales, de la viande et du lait. Ils n'avaient plus à se déplacer sans arrêt pour trouver leur nourriture. Auparavant chasseurs-cueilleurs, ils sont devenus **éleveurs-cultivateurs** ! Grâce à cette révolution, les humains adoptent un mode de vie **sédentaire**, c'est-à-dire qu'ils s'installent dans des endroits précis, de façon permanente. Ils ont construit les premiers villages, puis les premières villes.

Sur le site de Çayönü, en Turquie, des archéologues ont trouvé des **vestiges** (ruines de bâtiments, fragments d'outils, ossements d'animaux) qui permettent de mieux comprendre le développement des premiers villages d'éleveurs-cultivateurs.

Les premières civilisations

Le développement des villes et de l'agriculture a donné naissance aux premières **civilisations**, il y a environ 5000 ans. Elles sont apparues à divers endroits du monde aux abords des fleuves, là où la terre était **fertile**, c'est-à-dire bonne pour cultiver.

La Mésopotamie, berceau de la civilisation

La **Mésopotamie** (aujourd'hui l'Irak) est une région qui s'étendait autrefois entre deux grands fleuves du **croissant fertile**, le Tigre et l'Euphrate. Ses habitants ont inventé l'**irrigation**, qui consiste à arroser artificiellement les champs cultivés à l'aide de canaux, de réservoirs et de barrages. C'est en partie grâce à l'irrigation que les cultures ont pu s'étendre et les récoltes devenir meilleures, ce qui a permis de nourrir plus de gens. La population a ainsi augmenté et les villes se sont développées pour former la première grande civilisation.

Des **recettes** gravées sur des tablettes d'argile ont été découvertes par des archéologues dans la région de la Mésopotamie. Au menu ? Un ragoût d'agneau, une tourte aux petits oiseaux ainsi qu'une bouillie de céréales. Ces recettes, vieilles de 3770 ans, sont parmi les plus anciennes connues.

L'Égypte des pharaons

La civilisation égyptienne, connue pour ses pyramides et ses pharaons, doit sa naissance au Nil. Ce fleuve rythmait la vie des anciens Égyptiens, car il était fondamental à leur alimentation. Les trois saisons de l'année étaient découpées en fonction des travaux agricoles : l'inondation des champs par le fleuve, la semence des graines et la récolte des céréales.

Les anciens Égyptiens ont sans doute été les premiers à manger du pain tel que nous le connaissons. Selon la légende, de la bouillie de céréales aurait été oubliée dehors et se serait mise à gonfler au contact de champignons microscopiques (levures). Finalement cuite, cette bouillie aurait engendré le premier **pain levé** (ou pain au levain) !

La première dynastie chinoise

Le besoin de se nourrir et le développement des techniques agricoles seraient aussi à l'origine de la première dynastie chinoise, il y a près de 4000 ans. On dit que le légendaire roi Yu aurait fait construire un système de canaux et de barrages pour contrôler les inondations du fleuve Jaune (Huang He), ce qui aurait permis à l'agriculture de prospérer et à la civilisation chinoise de se développer.

Les peuples de Chine sont les premiers à avoir cultivé le **riz**, une céréale qui croît bien sur des terres inondées.

La naissance du végétarisme en Inde

Originaires de l'Inde ancienne, l'hindouisme et le jaïnisme sont parmi les plus vieilles religions du monde. Leurs pratiquants adhèrent depuis des milliers d'années à des croyances qui reposent sur la non-violence et le respect des êtres vivants. En refusant de manger la chair des animaux, ils sont devenus les premiers végétariens de l'histoire.

Les **végétariens** ne mangent pas de viande, de poissons ni de fruits de mer. Les **végétaliens** sont encore plus stricts, ne consommant pas non plus les produits issus d'un animal : lait, fromage, œufs, miel...

La plus ancienne civilisation d'Amérique

La **civilisation** de Caral s'est développée il y a près de 5000 ans au Pérou (Amérique du Sud). Grâce à l'**irrigation**, les habitants ont pu cultiver dans une région désertique des haricots, des courges, des patates douces et du coton. Ce dernier servait à fabriquer des vêtements, mais aussi des filets de pêche pour attraper des poissons.

La civilisation de Caral a bâti des pyramides qui sont aussi vieilles que celles des Égyptiens !

Les grandes explorations

Un peu d'histoire

Dans l'Europe du Moyen-Âge, les épices étaient des produits de luxe. À dos de chameau ou par bateau, les marchands arabes les rapportaient de Chine et d'Inde. Ils faisaient fortune à vendre de la cannelle, du poivre, du safran et du gingembre aux Européens les plus riches. Ce commerce payant a motivé les explorateurs à trouver de **nouvelles routes** pour ramener des épices en Europe.

C'est ainsi que le navigateur Vasco de Gama fera le tour de l'Afrique pour atteindre l'Asie, tandis que l'explorateur Christophe Colomb, naviguant vers l'ouest, trouvera sur son chemin… les Amériques ! Le début des **grandes explorations** à travers le monde a favorisé les échanges entre les peuples et changé la façon de se nourrir en diversifiant notre alimentation.

Souvent originaires de l'Orient ou des régions tropicales, les **épices** font partie de la grande famille des **aromates**. Elles donnent de la saveur ou ajoutent du piquant à un plat. Le poivre, le curcuma, le girofle et la cannelle en sont des exemples bien connus. En plus de rehausser la saveur des aliments, les épices prolongent leur durée de conservation.

L'Amérique : une explosion de nouvelles saveurs !

Lorsque les navigateurs européens ont débarqué en Amérique, un continent qui leur était alors inconnu, ils sont tombés sur une multitude d'aliments dont ils ignoraient l'existence. Ils ont goûté pour la première fois au maïs, à la pomme de terre, à la tomate, à l'arachide, au haricot, au poivron, au piment, à la courge, à l'ananas, à l'avocat, au cacao... Aujourd'hui, peut-on imaginer un monde sans pomme de terre ou sans chocolat ?

LA CONSERVATION DES ALIMENTS

À la maison ou en voyage, l'humain a toujours usé d'ingéniosité pour prolonger la durée de conservation de la nourriture. Les techniques les plus répandues à l'époque des grandes explorations sont la conservation dans le sel, l'alcool, le sucre ou le vinaigre. La nourriture est aussi congelée, fumée ou séchée. Les **boîtes de conserve** ne sont inventées que vers le début des années 1800. Cent ans plus tard, dans les années 1910, l'invention du **réfrigérateur domestique** révolutionnera l'histoire de l'alimentation !

Le sel que l'on trouve aujourd'hui sur toutes les tables sert autant à conserver qu'à assaisonner les aliments. Le sel n'est pas un **aromate** (plante), mais un **minéral** (roche). Il était autrefois appelé « **l'or blanc** » en raison de son prix et de la difficulté à s'en procurer.

Les Andes : source d'une incroyable diversité d'aliments

De grandes civilisations se sont développées dans la région montagneuse des Andes, en Amérique du Sud, avant l'arrivée des Européens. Ces **civilisations précolombiennes** étaient passées maîtres dans l'art de l'**expérimentation agricole**. Leur but était d'améliorer les récoltes et de varier la nourriture pour faire face aux famines et au climat capricieux des montagnes.

Il y a environ 500 ans, par exemple, les Incas construisaient des centres de recherche pour développer des cultures adaptées aux divers climats de leur vaste empire. Ils cultivaient des milliers de variétés différentes de **pomme de terre**, leur aliment de base. Pour augmenter la surface de terre cultivable et faciliter le travail de la terre, ils transformaient les pentes abruptes des montagnes en escaliers géants, appelés « **terrasses** ». Ils possédaient aussi tout un système d'**irrigation** pour arroser les champs, même lors de la saison sèche.

Les aliments originaires des Amériques représentent aujourd'hui une large part des produits agricoles consommés dans le monde.

Un aliment mal-aimé... à ses débuts

Lorsque les explorateurs européens ont ramené des **pommes de terre** sur leur continent, les gens s'en méfiaient et préféraient les donner aux cochons plutôt que de les manger. La légende attribue à Antoine Parmentier, un pharmacien militaire français, la popularisation de la pomme de terre en Europe dans les années 1780, soit près de 200 ans après son arrivée sur le Vieux Continent. Dans l'idée de nourrir la population pauvre qui souffrait de la faim, il aurait imaginé une ruse : faire garder un champ de pommes de terre par des soldats, comme s'il s'agissait d'un trésor. Poussées par la curiosité et l'envie, plusieurs personnes ont dérobé le champ pendant la nuit...

Aujourd'hui, la pomme de terre est devenue un aliment incontournable. Petits et grands la savourent de toutes les façons : bouillie, grillée, frite, en purée, en chips...

L'engouement suscité par les **frites** est tel que la consommation mondiale dépasse 10 milliards de kilogrammes par an, soit l'équivalent du poids de quelque 2 millions d'éléphants !

La civilisation aztèque et son breuvage sacré

Quand les navigateurs espagnols ont débarqué au Mexique en 1519, ils ont rencontré les Aztèques, faisant du même coup la découverte d'un aliment inusité : le **cacao**. Celui-ci était utilisé pour concocter une boisson sacrée pour cette **civilisation précolombienne**, un breuvage rouge très amer ressemblant étrangement à du sang. La boisson n'était pourtant autre que du **chocolat**. Même si ce breuvage était bien différent de celui, sucré, que nous connaissons aujourd'hui, l'empereur aztèque Montezuma en raffolait. On raconte qu'il pouvait en boire 50 tasses par jour !

Le cacao n'est pas seulement mangé en dessert. Au Mexique, on le cuisine pour en faire une sauce épicée appelée « **mole** ». Avec du poulet, c'est un délice !

LE CHOCOLAT

Les graines de cacao sont à la base du chocolat. Elles proviennent du fruit du **cacaotier**, un arbre originaire des forêts chaudes et humides d'Amérique. En ramenant du cacao du Mexique, les Européens ont découvert qu'ils pouvaient éliminer l'amertume de cette substance en la sucrant et en lui ajoutant du lait. Le chocolat est rapidement devenu populaire ! Aujourd'hui, en barre ou en boisson, c'est la friandise la plus consommée sur la planète.

Autour du monde

Au cours du temps, les voyages et les **échanges** entre les continents ont permis de diversifier la nourriture consommée partout dans le monde. Ainsi, la tomate et la pomme de terre font désormais partie du quotidien des Européens. Le riz, originaire d'Asie, est aujourd'hui présent et consommé partout dans le monde. Les gens des pays nordiques peuvent consommer des fruits des pays chauds (orange, mangue, ananas, etc.). Ce qui n'empêche pas chaque région du monde d'avoir ses particularités et **traditions culinaires**.

Fourchette, cuillère ou baguettes, qu'utilise-t-on le plus pour manger ? En fait, l'ustensile le plus répandu... n'en est pas un. Ce sont les mains ! Elles sont encore utilisées pour se nourrir par des milliards d'humains.

Les cuisines d'Afrique

Les pays qui composent le continent africain possèdent tous leurs propres spécialités culinaires, mais il existe quelques similitudes. Ainsi, les Africains apprécient particulièrement les plats mijotés et en sauce, tels que le mafé.

Le **mafé**, originaire du Mali, est un plat à base de viande ou de poisson cuit dans une sauce au beurre d'arachide et servi sur du riz ou du couscous.

La variété des plats africains

En Afrique du Nord et au Moyen-Orient, on fait ses courses au **souk** et on profite de l'ambiance animée ! Dans ce marché couvert, les marchands y vendent aussi bien des fruits et des légumes que de la viande ou des épices de toutes les couleurs. On y trouve aussi le **couscous**, une semoule de blé utilisée dans un plat qui porte le même nom, très populaire au Maroc.

À déguster aussi bien dans un sandwich qu'en collation, le **biltong** est un type de viande séchée appréciée en Afrique du Sud. Il est le plus souvent préparé à partir de viande de bœuf, mais aussi d'autruche et d'antilope.

En Éthiopie, l'**injera** est une sorte de grande crêpe à base de farine de teff, une céréale africaine. La crêpe sert « d'assiette » où l'on dépose toutes les préparations cuisinées. Pour déguster le plat, il suffit de saisir la nourriture avec un bout de crêpe.

Les cuisines du Moyen-Orient

Situé entre l'Extrême-Orient, l'Europe et l'Afrique, le Moyen-Orient a longtemps été un lieu d'échange entre les voyageurs qui passaient par là. Il en découle aujourd'hui une cuisine riche et variée. En témoignent les **mezzés**, un assortiment savoureux de petits plats (hors-d'œuvre) à partager entre tous les convives.

Parmi les mezzés, on trouve l'**houmous**, un mélange de purée de pois chiches et de pâte de sésame qui se déguste sur du **pain pita**.

LES DESSERTS GLACÉS

Sais-tu qu'on se régale de desserts glacés depuis des milliers d'années ? Dans l'Empire perse (aujourd'hui l'Iran), des **sorbets** étaient dégustés l'été. Ils étaient confectionnés à partir de fruits (ou sirop de fruits) qu'on refroidissait avec de la neige provenant des montagnes. On pouvait parfumer la préparation avec de l'eau de rose ou des épices, comme le safran.

Les cuisines de l'Asie du Sud et de l'Est

Les traditions culinaires asiatiques sont anciennes et diverses, mais elles ont en commun le riz, consommé à presque tous les repas.

Le pays des mille épices

Ce qui lie l'ensemble des cuisines de l'Inde, c'est l'incroyable variété d'**épices** qui pimentent et colorent les plats, comme le poivre, le curcuma, le cumin, le safran, la cardamome et le girofle.

Un des grands classiques de la cuisine indienne est le **cari**. Il désigne le mélange d'épices qui sert à préparer le plat en sauce du même nom.

Le **canard laqué** est un canard enduit d'une sauce aigre-douce, puis rôti au four pour rendre sa peau luisante et croustillante.

Une tradition culinaire millénaire

En Chine, la cuisine est un élément important de la culture. Les plats traditionnels chinois sont riches de par leur histoire. Le canard laqué, par exemple, existe depuis plusieurs siècles. Un empereur gourmand l'a nommé comme plat officiel de la cour impériale il y a près de 700 ans.

La nourriture est à la base de la médecine traditionnelle chinoise. Ainsi, une bonne alimentation est gage de santé. En Chine, quand on demande « Comment vas-tu ? », on demande en réalité « As-tu bien mangé ? », signe que l'appétit est là et que la santé est bonne.

La variété des plats asiatiques

Une petite faim ? Il suffit au Vietnam de sortir dans la rue et savourer un plat sur place. Des marchands ambulants proposent une multitude de plats. Les **soupes pho** (à base de nouilles de riz) sont particulièrement populaires.

Le **fugu** est un poisson qui contient un poison mortel. Malgré tout, on le sert au Japon comme un mets raffiné, après avoir bien sûr retiré ses parties toxiques. Attention ! Une simple erreur dans sa préparation peut entraîner la mort !

Le **durian** est un gros fruit couvert d'épines considéré comme un délice en Asie. Toutefois, ce fruit empeste l'air. Son odeur est si forte qu'il est parfois interdit dans les hôtels et les transports en commun !

Comme le Japon est entouré par la mer, le poisson et les fruits de mer y sont très appréciés. Le **sushi** est un mets fait avec du poisson cru et du riz vinaigré enroulés dans une algue. Ce plat est l'emblème de la cuisine japonaise dans le monde. Pourtant, sa consommation n'est qu'occasionnelle au Japon !

Les cuisines de l'Océanie

L'Océanie est un continent qui comprend l'Australie et plusieurs îles de l'océan Pacifique. La cuisine de cette vaste région du monde est influencée par les coutumes indigènes, mais aussi par la colonisation britannique et diverses saveurs asiatiques. Les habitants des îles de l'Océanie raffolent des produits de la mer et de la **noix de coco**, le fruit emblématique du continent.

«Poh-key» est un verbe hawaiien qui signifie «trancher». Le **poké** est un plat typique d'Hawaii qui se compose de poisson cru coupé en dés et assaisonné de sel de mer, d'algues et de noix moulus. Aujourd'hui, plusieurs variantes de ce plat se sont répandues à travers le monde et font fureur.

Les aborigènes d'Australie se nourrissent traditionnellement de *bush tucker*, ou «nourriture de brousse». Parmi les spécialités locales, la **pêche du désert** (quandong), le steak de kangourou et de grosses larves blanches, riches en protéines, dont le goût rappelle celui des amandes ou des arachides.

Les cuisines des Amériques

Les cuisines de ce continent ont grandement été influencées par les Autochtones d'Amérique et par la migration des populations venant de tous les continents. Chaque peuple a apporté avec lui ses traditions culinaires et le mélange des populations a donné naissance à de nouvelles recettes.

Les Autochtones d'Alaska dégustent une version unique de glace : l'**akutaq**. L'ingrédient principal n'est pas de la crème ni du lait, mais plutôt un mélange de graisse de caribou, d'huile de phoque, de neige fraîchement tombée, de petits fruits et parfois de poisson.

LE REPAS DE THANKSGIVING

Les premiers colons britanniques installés à Plymouth, dans le nord-est des États-Unis, doivent leur survie à un Autochtone d'Amérique nommé Squanto. En 1621, alors que les colons mouraient de faim, cet homme leur a appris à cultiver le maïs. En souvenir de la première récolte qui a permis de les nourrir, les Américains préparent le quatrième jeudi du mois de novembre un repas festif mettant en vedette les aliments originaires d'Amérique: dinde, courges, canneberges, haricots, maïs... Mais cette célébration, appelée « Thanksgiving », a un goût amer pour de nombreux Autochtones, car elle représente pour eux le début de la guerre contre les colons et la perte de leur territoire et de leur culture.

Douceur québécoise

Au Québec, quand arrive le printemps, c'est le temps d'aller faire un tour dans une **cabane à sucre** pour déguster du **sirop d'érable**, une gourmandise faite à partir de sève d'érable. Un incontournable : la **tire sur la neige**. On verse du sirop d'érable préalablement chauffé sur de la neige pour qu'il fige, puis on récupère la tire avec un bâtonnet de bois. Miam !

On raconte que dans les années 1820, en Argentine, une servante aurait oublié une casserole remplie de lait et de sucre sur le feu. La crème épaissie et sucrée qui était restée collée dans le fond de la casserole aurait fait le bonheur de son maître. Le *dulce de leche* était né ! Aujourd'hui, cette « confiture de lait » est très populaire dans toute l'Amérique latine.

LA NAISSANCE DU RESTAURANT-MINUTE AUX ÉTATS-UNIS

La chaîne de restauration White Castle détient le titre de « première chaîne de *fast-food* ». Elle a été fondée au Kansas en 1921. Le hamburger coûtait alors 5 cents ! Dans les années 1940, les frères McDonald perfectionnent et répandent cette méthode de préparation de la nourriture rapide et économique, où le service aux tables est éliminé ; on commande directement au comptoir. Aujourd'hui, le **restaurant-minute** (*fast-food*) s'est répandu partout dans le monde.

Les cuisines de l'Europe

L'Europe est considérée comme le berceau de la « **gastronomie** », un mot qui désigne l'art de bien manger. C'est d'ailleurs à Paris, la capitale de la France, que le concept de **restaurant** voit le jour dans les années 1760. Pour la première fois, des clients peuvent choisir sur un menu parmi une sélection de plats raffinés. Au fil du temps, cet art de la table, avec ses règles strictes, se répandra en Europe, puis dans le reste du monde.

Pendant des siècles, les rois tout comme les paysans préféraient manger avec leurs doigts. Les premiers Européens à utiliser couramment la **fourchette** ont été les Italiens, qui la trouvaient pratique pour saisir les pâtes. Entre les années 1600 et 1800, l'utilisation de la fourchette s'est tranquillement répandue en Europe, d'abord chez les gens riches qui aimaient pouvoir manger sans se tacher, puis dans le reste de la population.

LES PÂTES SONT-ELLES D'ORIGINE ITALIENNE ?

On a longtemps cru que l'explorateur vénitien Marco Polo avait ramené de Chine, dans les années 1290, la recette pour faire des **pâtes**. Or, les pâtes existaient déjà en Italie à l'époque des voyages de Marco Polo. En fait, elles sont consommées depuis l'Antiquité, tant dans le sud de l'Europe qu'en Asie. Leur origine est multiple !

La variété des plats européens

De l'Espagne, au sud, à la Scandinavie, au nord, chaque région européenne a développé sa gastronomie, qui met en valeur tant les traditions que les ressources du territoire.

La pomme de terre, le chou et le porc sont les trois ingrédients les plus utilisés pour cuisiner en Europe de l'Est.

En Scandinavie, une région du nord de l'Europe entourée par la mer, le poisson est cuisiné de toutes les façons : mariné, fumé, bouilli… Le **gravlax** est un plat scandinave particulièrement populaire fait de saumon cru macéré dans un mélange de sel, de sucre et d'**aromates**.

Par une journée chaude d'été, quoi de mieux qu'une soupe froide ? En Espagne, le **gaspacho** se compose de tomates et d'autres légumes crus mélangés pour obtenir une texture onctueuse et rouge. Il faut savoir qu'avant l'importation de la tomate des Amériques, cette soupe était blanche !

Le mot « **sandwich** » vient tout droit d'Angleterre et plus précisément d'un comte anglais, Lord Sandwich (1718-1792). Ce joueur passionné de cartes, ne voulant pas quitter sa table de jeu pour se nourrir, aurait eu l'idée de se faire servir de la viande froide entre deux tranches de pain.

Il existe en Allemagne quelque 1500 variétés de **saucisses**.

L'alimentation de l'avenir

Cap sur la santé et l'environnement

Pour nourrir une population en constante augmentation, les agriculteurs et les éleveurs utilisent souvent des produits chimiques, comme des **pesticides** et des **stimulateurs de croissance** (hormones), ce qui permet de protéger les cultures et de produire davantage d'aliments. Ces types d'agriculture et d'élevage dits « intensifs » sont efficaces, mais ont des conséquences négatives sur la santé, le bien-être des animaux et l'environnement.

Heureusement, des modes de production plus sains et plus respectueux de la nature et des animaux se développent. Ces nouvelles formes d'agriculture suscitent de nouvelles façons de s'alimenter, qui privilégient les aliments biologiques et d'origine végétale, ainsi que des aliments locaux, c'est-à-dire qu'ils sont produits à moins de 50 km de chez soi, ce qui est plus écologique.

Les **aliments biologiques** ont été produits sans utiliser de produits chimiques comme des pesticides, des herbicides, des stimulateurs de croissance ou des engrais artificiels.

Des insectes au menu

Qu'est-ce qui est riche en protéines et disponible en abondance ? Les **insectes** ! Si dans certaines régions du monde la perspective de manger des insectes suscite le dégoût, il y a plus de deux milliards de personnes sur la planète qui les consomment régulièrement. L'élevage des insectes est plus respectueux de l'environnement, demande moins d'espace et coûte moins cher que l'élevage du bétail. Si ces arguments ne convainquent pas, sache que tu manges déjà involontairement quelque 500 g de minuscules bestioles chaque année sur les fruits ou dans les plats !

La **permaculture**, contraction de « agriculture permanente », est un type d'agriculture durable développé en Australie et qui consiste à cultiver la terre en s'inspirant des milieux naturels. Elle favorise la présence d'arbres et d'arbustes protecteurs, ainsi que la cohabitation d'une grande variété de plantes et d'animaux.

AS-TU LE POUCE VERT ?

Fraises, tomates, basilic, persil... Et si tu aménageais ton propre **coin-potager** ? Pas besoin de grands espaces pour découvrir le jardinage. Tu peux faire pousser des fruits et des légumes en pots sur le balcon ou près d'une fenêtre ensoleillée. Tu auras ainsi l'immense plaisir de savourer des aliments que tu as toi-même cultivés !

Activités

1. Dans toutes les langues

Français	Bon appétit !	
Anglais	Enjoy your meal !	se prononce « inndjo-y yer mil »
Espagnol	Buen provecho !	se prononce « bou-én probétcho »
Italien	Buon appetito !	se prononce « bou-onn appétito »
Allemand	Guten Appetit !	se prononce « gou-tèn apetit »
Mandarin	请慢用	se prononce « chiin man yong »
Arabe	شهية طيبة	se prononce « cha-hia tayiba »
Russe	Приятного аппетита	se prononce « priyatnava appitita »

2. Qui suis-je ?

1. En Alaska, je suis une glace que l'on mange.

2. Associée aux pizzas italiennes, je suis pourtant un légume d'origine mexicaine.

3. En Éthiopie, je suis une crêpe qui sert aussi d'assiette.

4. En Afrique du Nord et au Moyen-Orient, je suis un marché couvert débordant de saveurs et de couleurs.

5. Je suis le fruit emblématique des îles de l'océan Pacifique.

6. On m'appelait autrefois « l'or blanc ».

7. J'étais l'aliment de base chez les Incas, au Pérou, où je pouvais me décliner en milliers de variétés.

8. Au Japon, je suis à la fois un mets très recherché et un poison mortel.

9. Nourriture de l'avenir, nous sommes riches en protéines et notre élevage est plus économique et écologique que celui du bétail.

10. Je suis un ustensile d'usage récent qui s'est répandu en Europe à partir d'Italie.

3. Associe chaque aliment à un pays

1. Allemagne   2. Maroc   3. Angleterre   4. Japon
5. Canada   6. Inde   7. Mexique   8. Afrique du Sud

a) Sandwich

b) Boisson au chocolat

c) Saucisse

d) Couscous

e) Cari

f) Sirop d'érable

g) Biltong

h) Sushi

Glossaire

Aromate : Plante ou partie de plante utilisée pour parfumer un plat. La menthe, la cannelle et le persil sont des aromates.

Civilisation : Grand groupe d'humains, très organisé, partageant un système de gouvernement et d'échanges, des lois, une culture ainsi qu'un bagage de connaissances artistiques, techniques ou scientifiques.

Civilisation précolombienne : Civilisation de l'Amérique qui s'est développée avant l'arrivée de Christophe Colomb sur le continent.

Croissant fertile : Région du Moyen-Orient considérée comme le berceau de l'agriculture. Un climat doux et un sol fertile (qui permet de bonnes récoltes) y ont favorisé les premières cultures des céréales il y a près de 10 000 ans.

Irrigation : Action d'arroser les cultures de façon artificielle, par exemple à l'aide de canaux, de réservoirs ou de barrages.

Nomade : Se dit d'une personne ou d'un peuple qui n'habite pas dans un lieu fixe.

Sirop d'érable : Sirop fabriqué à partir de la sève d'érable qui est recueillie au début du printemps puis concentrée en la faisant bouillir.

Soya : Plante de la famille des légumineuses. On fabrique à partir de la graine de soya une multitude de produits comme la boisson de soya, le tofu, le miso, la sauce soya et le tempeh.

Umami : Mot signifiant « goût savoureux » en japonais. Particulièrement présent dans les champignons et la sauce soya, l'umami est l'une des cinq saveurs de base avec le sucré, l'acide, l'amer et le salé.

Vestige : Ce qu'il reste d'un lieu ou d'un peuple disparu : ruines de bâtiments, objets, ossements...

Réponses aux activités

Qui suis-je ? : 1 – Akutaq ; 2 – Tomate ; 3 – Injera ; 4 – Souk ; 5 – Noix de coco ; 6 – Sel ; 7 – Pomme de terre ; 8 – Fugu ; 9 – Insectes ; 10 – Fourchette

Aliments : 1 – c ; 2 – d ; 3 – a ; 4 – h ; 5 – f ; 6 – e ; 7 – b ; 8 – g